Nada Es Imposible

Los sueños están en todos lados. Son más que imágenes en tu cabeza. Son como metas que duran para siempre mientras creas en ellas y las sigues hasta que sean reales. Creo que debemos seguir estos sueños porque sin ellos no hay razón en tu vida, te ayudan en tu camino hacia el éxito, y es un lugar donde puedes dejar que tu mente vague libremente.

Si dejamos ir nuestros sueños y perdemos nuestro camino, no hay sentido ni razón en nuestras vidas. Los necesitamos para sobrevivir y hacer frente a los numerosos problemas que tenemos hoy. Pero, si los dejamos ir o si los perdemos, no tenemos a dónde ir. Perdemos la esperanza en las cosas que son importantes para nosotros y otras personas que amamos y mantenemos cerca. Esa es una de las razones por las que debemos soñar y seguir nuestros sueños para tener algo por lo que luchar y darnos una razón para vivir.

Necesitamos seguir nuestros sueños porque pueden guiarnos en nuestro camino hacia el éxito. No importa cuánto necesitemos para tener éxito en la vida, nuestros sueños pueden llevarnos allí. Quieren llevarnos a donde tenemos que seguirlos. Sea la universidad, una entrevista de trabajo o la persona adecuada para usted. Te ayudarán a tener éxito de la forma que quieras. Solo necesitas creer y seguir tus sueños.

Como cuando duermes y ves imágenes en tu cabeza, necesitamos soñar para dejar que nuestra mente sea libre y que nuestra imaginación vuele. Nos permitirá encontrar un lugar que nos haga sentir felices y libres. Lejos de todos los problemas y tristezas que existen a un lugar que es maravilloso y sorprendente. A un lugar donde no tengamos que preocuparnos por nada, o tener miedo de lo que está ahí fuera. Necesitamos poder vivir una vida feliz y dejar que tu mente sea libre es la mejor manera de lograrlo. Es lo que siembra y hace crecer nuestros sueños hacia algo que vale la pena seguir. Así que deja que tu mente se eleve a alturas más altas de lo que puedas imaginar.

En conclusión, nuestros sueños no deben darse por sentados. Los sueños nos guiarán en el futuro. Son los que nos dan vida, nos ayudan a tener éxito en la vida y permiten que nuestras mentes vaguen y se eleven más alto en la imaginación humana. Los sueños son nuestra guía, todo lo que tenemos que hacer es seguirlos. Sigue nuestros sueños hacia lo desconocido. Todas estas cosas son cómo me ha ayudado seguir tus sueños, así que toma estas cosas y aplícalas a tu vida y sigue tus sueños.

Todos los días, la gente escucha historias asombrosas de éxito. Escuchan sobre personas que logran metas que son casi imposibles. Creo que nada es imposible si te lo propones. El diccionario define la palabra imposible como, incapaz de ocurrir o hacerse. A lo largo de la historia, la palabra imposible se ha vuelto cada vez más irrelevante debido al logro de muchos objetivos. Viviendo en un mundo donde la tecnología crece continuamente, la palabra "imposible" se usa cada vez menos. Desde el descubrimiento y uso de la electricidad hasta las personas que viajan por el espacio, la tecnología ha desafiado por completo la idea de que estas cosas eran imposibles.

La palabra imposible se ha asociado con el atletismo. Uno de estos temas incluye el atletismo. La mayoría de los atletas son muy trabajadores, lo que les permite alcanzar metas que otros considerarían imposibles. Hay muchas historias geniales que involucran el atletismo, como personas que superan obstáculos sobresalientes o personas que van en contra de lo que todos dicen y logran grandes hazañas. Una de esas historias sería sobre Michael Jordan y cómo fue eliminado de su equipo de baloncesto de la escuela secundaria en su segundo año en la escuela secundaria. Después de ser eliminado, regresó para probar de nuevo y logró lo que la gente pensaba que era imposible al formar parte del equipo y continuar su carrera en la universidad y, finalmente, en la NBA. Así como Jordan creía que nada era imposible, siento que es un factor muy importante que puede ayudarme enormemente a lograr muchas metas que otras personas considerarían imposibles.

La palabra "imposible" en sí misma deletrea "Pm posible". Napoleón Bonaparte comentó una vez: "La palabra 'imposible' sólo se encuentra en el diccionario de los tontos".

En este mundo todo es posible sobre la base de la fuerza de voluntad, la determinación tenaz y el sacrificio. Para lograr las tareas más difíciles, necesitamos trabajar mucho, perseverancia extra y concentración en un solo objetivo. Debemos tener paciencia y fe en nosotros mismos. Debemos tener determinación, dedicación y devoción para lograr el éxito. Nunca deberíamos preocuparnos por el resultado. Debemos seguir adelante incluso si el ritmo es lento y debemos asegurarnos de que se mantenga estable.

Uno está obligado a enfrentar obstáculos en el camino hacia el éxito, pero con coraje y perseverancia, puede dominarlos. Nuestra actitud positiva y nuestro estado de ánimo claro determinan nuestro futuro. En este mundo, no existe la OPORTUNIDAD. Con nuestras propias ideas, voluntad y capacidad, podemos crear una serie de oportunidades, circunstancias y la atmósfera deseada para lograr la meta más difícil.

Las grandes mentes tienen propósitos, mientras que otras simplemente tienen deseos. Las mentes pequeñas están domesticadas y sometidas por aparentes reveses, pero las grandes mentes se elevan por encima de ellas y luchan para abrirse camino hacia la victoria. Siempre y siempre deberíamos ser luchadores y nunca desamparados. Para alcanzar nuestras metas deseadas, tenemos que reírnos de nuestros problemas y olvidarlos.

Cuando aprendamos a reírnos de nuestros problemas, descubriremos que son meras burbujas que rápidamente desaparecen. Para recoger el fruto, registrar la victoria, alcanzar el éxito, se requiere una fe inquebrantable en uno mismo. La fe obra como un milagro. Mira más allá de todos los límites, trasciende todas las limitaciones, conquista todos los obstáculos y nos lleva a nuestra meta. Por lo tanto, debemos tener fe, tomar valor y marchar hacia adelante, hacia adelante y hacia arriba hasta alcanzar la meta. Sin mucho entusiasmo y esfuerzo no se consigue nada. El entusiasmo pone un brillo en nuestros ojos, una inclinación en nuestros pasos. A menudo nos hace realizar hazañas extraordinarias en situaciones muy ordinarias.

Nuestros luchadores por la libertad, Mahatma Gandhi, Sardar Vallabhbhai Patel, Pandit Jawaharlal Nehru, Netaji Subhash Chandra Bose y muchos otros, son ejemplos evidentes del hecho de que las imposibilidades funcionan como una bendición para el próximo intento hacia las posibilidades. Habían enfrentado un trato brutal y opresivo por parte de los británicos. Sus movimientos y esfuerzos no siempre pudieron obtener los resultados deseados. Hubo momentos que fueron muy distractores y frustrantes, pero no permitieron que las frustraciones sacudieran su voluntad. Continuaron su movimiento con vigor y entusiasmo y finalmente lograron llegar a su destino. Solo podría ser posible gracias a su arduo trabajo y su fuerza de voluntad indomable para superar los desafíos más difíciles.

Nelson Mandela, ex presidente de Sudáfrica, es otro ejemplo. Tuvo éxito en su guerra contra el apartheid a pesar de varios fracasos. Por último, pero no menos importante, la Madre Teresa recibió el Premio Nobel de la Paz por trabajar sin descanso por los enfermos, los pobres y los necesitados. Hay tantos ejemplos que muestran que la palabra "imposible" no está presente en el diccionario incondicional, pero lo que está presente es "fe".

Una persona con fe destruye la palabra "imposible". Es invariablemente optimista. Alguien ha dicho: dos hombres miran por los mismos barrotes; uno ve el barro y el otro ve las estrellas ". Un optimista ve una oportunidad en cada calamidad; un pesimista ve una calamidad en la misma oportunidad. "La fe es creer en las cosas cuando el sentido común te dice que no".

Si te preocupas y estás desesperado por las imposibilidades, simplemente se multiplicarán. Nunca dejes que tu mente piense que cualquier trabajo es imposible. Esfuérzate siempre con nuevo celo. Cuando no puede alcanzar su destino o meta debido a alguna limitación personal, ya sea real o imaginaria, sufre sentimientos de desesperación. Tanto las discapacidades físicas como psicológicas pueden ser causas de desesperación o frustración. Se puede citar a Vernon Howard diciendo: "Nunca, nunca se desanime. Nunca te expreses como inferior, porque si lo haces, creerás lo que dices ".

Debes comenzar tu trabajo con dedicación, motivación y desapego de los resultados. Tu actitud debe ser la correcta. Con una actitud decidida, positiva y comprometida, invariablemente puede desarrollar la aptitud adecuada. Es por eso que el Dr. Karl Meninger lo había dicho de manera inequívoca. "¿Las actitudes son más importantes que los hechos? Al cambiar su actitud negativa, puede deshacerse de sus miedos atormentadores, dudas, desesperación y complejo de inferioridad. Así como el polvo empaña incluso la gema más brillante, la desesperación también contamina las virtudes de los sabios.

Es la mente humana la que hace posible lo imposible. Cuando la ilusión abruma a la realidad, cuando la fantasía desplaza al pragmatismo, cuando la locura conquista la cordura, solo hay un factor a quien culpar: la mente. La mente hace la distinción entre el bien y el mal, la felicidad y la tristeza, el triunfo y la derrota. Depende enteramente de la mente si trazar la línea un poco hacia un lado o hacia el otro.

Todos, en algún momento de su vida, han soñado con ser alguien especial, alguien grande. ¿Cuántas veces has soñado con ser rico, exitoso o feliz con tus relaciones?

A menudo, soñamos grandes sueños y tenemos grandes aspiraciones. Desafortunadamente, nuestros sueños siguen siendo solo eso: sueños. Y nuestras aspiraciones acumulan polvo fácilmente en nuestro ático.

Este es un triste giro de los acontecimientos en nuestra vida. En lugar de experimentar emocionantes aventuras en la autorrealización, nos vemos atrapados en la monotonía de vivir el día a día apenas existiendo.

¿Pero sabes que? La vida podría ser mucho mejor, si tan solo aprendiéramos a apuntar más alto.

El problema más común para establecer metas es la palabra imposible. La mayoría de la gente se cuelga pensando que no puedo hacer esto. Es muy dificil. Es demasiado imposible. Nadie puede hacer esto.

Sin embargo, si todo el mundo pensara eso, no habría inventos, innovaciones ni avances en los logros humanos.

Recuerde que los científicos se quedaron desconcertados cuando observaron al humilde abejorro. En teoría, dijeron, era imposible que el abejorro volara. Desafortunadamente para el abejorro, nadie lo ha dicho. Así que vuela.

Por otro lado, algunas personas sufren de tener sueños totalmente extravagantes y no actuar en consecuencia. ¿El resultado? Sueños rotos y aspiraciones hechas jirones.

Si te limitas a las dudas y a las suposiciones autolimitantes, nunca podrás superar lo que consideras imposible. Si te adentras demasiado en el cielo sin trabajar hacia tu objetivo, te encontrarás aferrado al sueño imposible.

Prueba este ejercicio. Toma una hoja de papel y escribe algunas metas en tu vida. Debajo de un encabezado, enumere las cosas que "sabe que puede hacer". Debajo de otro encabezado, escribe las cosas que "podrías hacer". Y debajo de uno más, escribe las cosas que son "imposibles de hacer".

Ahora mire todos los encabezados, esfuércese todos los días por lograr los objetivos que se encuentran debajo de las cosas "que sabe que puede hacer". Revíselos cuando pueda lograrlos. A medida que lentamente pueda verificar todos sus objetivos bajo ese encabezado, intente lograr los objetivos debajo del otro encabezado, el que dice "podría ser capaz de hacerlo".

Tan pronto como se cumpla cualquiera de los elementos que escribió en las cosas que podría hacer, puede mover los objetivos que están debajo de las cosas que le son "imposibles de hacer" a la lista de cosas que "podría hacer".

A medida que avance en este proceso, descubrirá que las metas que pensaba que eran imposibles se vuelven más fáciles de lograr. Y lo imposible empieza a parecer posible después de todo.

La técnica aquí no es limitar tu imaginación. Es apuntar alto y empezar a trabajar hacia ese objetivo poco a poco. Sin embargo, tampoco es prudente establecer una meta que sea realmente poco realista.

Aquellos que simplemente sueñan con una meta sin trabajar duro, terminan decepcionados y desilusionados.

Por otro lado, si le dijeras a alguien hace cien años que era posible que el hombre estuviera en la luna, se reirían de ti. Si les hubieras dicho que puedes enviar correo desde aquí al otro lado del mundo en unos segundos, dirían que estás loco. Pero, por puro deseo y perseverancia, estos sueños imposibles son ahora realidades.

Thomas Edison dijo una vez que la genialidad es un 1% de inspiración y un 99% de transpiración. Nada podría ser más cierto. Para que uno pueda lograr sus sueños, debe haber trabajo y disciplina. Pero tenga en cuenta que ese 1% tiene que ser un sueño para pensar en grande, y no uno que se cumpla fácilmente.

Pregúntele a cualquier rata del gimnasio y él o ella le dirá que no puede haber ganancias a menos que lo saquen de su zona de confort. ¿Recuerda el dicho: "Sin dolor no hay ganancia"? Eso es tan cierto como puede ser.

¡Así que sigue soñando, amigo! No se deje atrapar por sus limitaciones percibidas. Piense en grande y trabaje duro para lograr esos sueños. A medida que asciende en la escalera del progreso, descubrirá que lo imposible se ha vuelto un poco más posible.

Un gran ejemplo de que nada es imposible es Ibrahim Hamato quien perdió ambas extremidades superiores en un accidente de tren, pero eso no le impidió alcanzar sus objetivos. Con la paleta en la boca, el padre egipcio de tres hijos ganó una medalla de plata en el Campeonato Africano de Tenis de Mesa de 2013.
Su lema: "Nada es imposible mientras trabajes duro".

Otro gran ejemplo es Esref Armagan. Que a pesar de ser ciego de nacimiento y de una familia empobrecida, aprendió por sí mismo tanto a escribir como a pintar. El se autoproclamado 'Artista sin ojos' dibuja el contorno de sus pinturas con un lápiz braille, luego usa pintura al óleo para pintar las imágenes. Lo que es aún más sorprendente cuando te das cuenta de que nunca ha visto las cosas que está representando.

Cómo dijo mohamed ali "Imposible es sólo una palabra lanzada por hombres pequeños a quienes les resulta más fácil vivir en el mundo que se les ha dado que explorar el poder que tienen para cambiarlo. Imposible no es un hecho. Es una opinión. Lo imposible es potencial. Lo imposible es temporal. Lo imposible es nada " Literalmente nada es imposible si tú tienes fe en ti mismo y sobre todo si tienes fe en Dios.

A lo largo de nuestras vidas, a muchos de nosotros nos han dicho que "no somos lo suficientemente buenos" o que no "tenemos lo que se necesita" para hacer las cosas que soñamos en la vida. Muchos de nosotros hemos caído en la trampa de dejar que otros dicten lo que podemos y no podemos hacer.
La verdad del asunto es que sí, podemos hacer lo que decidamos hacer si creemos en nosotros mismos. Tenemos

la capacidad de crear cualquier cosa que nos propongamos hacer.

Todos tenemos sueños que viven en nuestra alma esperando ser soltados. ¡No escuches a los detractores! Lo que más importa al final del día es creer en lo que te hace feliz. Eres el amo de tu destino, eres el amo de tu alma. No dejes que otros dicten cómo debes vivir tu vida. ¡Cree en ti mismo y sigue avanzando!
Empieza a creer en ti mismo ...

1.Escribir una lista...
Haga una lista de las cosas que ha superado y lo que ha logrado. Un ejemplo podría ser superar el miedo a lo que los demás puedan pensar de ti y llegar al punto en el que te sientas cómodo con quién eres, sin importarle lo que piensen los demás.
Continúe agregando a su lista de logros. Tener una imagen visual de una lista en un lugar donde siempre la verá es muy enriquecedor.

2. Cambia tu perspectiva ...
Reprograme sus pensamientos a partir de todas las opiniones negativas que ha escuchado de los demás. Convierta su diálogo interno negativo en un diálogo interno positivo. Concéntrate en las cosas positivas de tu vida que te hagan feliz.

Di afirmaciones diarias de aquello por lo que estás agradecido, como, "¡Tendré confianza en todo lo que hago hoy!" Hablar afirmaciones diarias es muy enriquecedor y te ayuda a mantenerte positivo.

3. Ponte a prueba ...

Crea oportunidades para demostrarte a ti mismo que tienes la capacidad interior. Quién te crees que eres fue definido por otras personas. Una vez más, son solo sus opiniones. Empiece poco a poco tomando una clase o un taller que le enseñe a desarrollar su nivel de confianza en un área que considere una debilidad.

Trabaje para algo más grande, como aprender algo completamente nuevo o comenzar el negocio de sus sueños. Haz cosas que te asusten para fortalecer tu confianza. Para citar a Eleanor Roosevelt: "Debes hacer lo que crees que no puedes hacer".

4. Poner metas ...

Ponga metas pequeñas a corto plazo para demostrarse a sí mismo que puede lograr lo que se proponga. Trabaje hacia metas más grandes para lograr sus sueños.

5. Cumpla con sus propios objetivos ...

La falta de confianza proviene de perseguir los objetivos de otras personas y no los tuyos. Esté a la altura de sus propias expectativas para perseguir sus propios sueños.

Utilice sus propios talentos, habilidades y dones para crear el deseo de su corazón de servir al mundo. Cuando utilizas tu propio estilo único para tus creaciones, las personas adecuadas resonarán contigo y te respetarán por tus dones.

Confía y ámate a ti mismo... incondicionalmente. No rendirse nunca. Sigue intentándolo y volviéndolo a intentar...

Probablemente pases mucho tiempo siendo tu peor enemigo en lugar de ser tu mejor amigo. Cambia tu perspectiva a ser tu propio mejor amigo. Después de todo, tienes el resto de tu vida para estar contigo.

Piénselo de esta manera: ¿proyectaría abuso mental o criticaría a otros en su vida? ¿Dejarías que sufran en su momento de necesidad? Si no es así, ¿por qué te harías esto a ti mismo? Sea gentil y amable con usted mismo, ya que este proceso lleva tiempo. Eres digno y más capaz de lo que crees.

Con toda honestidad, las dudas sobre uno mismo nunca desaparecen por completo. Aprenderá a adaptarse mejor con el tiempo. Estará ahí para saludarte cada vez que te alejes de tu zona de confort o intentes lograr algo grandioso. Hónrelo, déjelo ir y siga avanzando.

Dudar de uno mismo no es algo que temer o resentir. Estas dudas son solo tus pensamientos, no tu futuro. Sí, las cosas pueden salir mal, pero si nunca lo intenta, puede estar perdiendo grandes oportunidades para mejorar su vida.

Al final, solo te arrepientes de las oportunidades que no corriste. Sea usted mismo, sea agradable, juegue duro y no se arrepienta. Cuando eres tu yo auténtico, cumples el sueño que vive en tu alma.

¡Todo es posible cuando crees en ti mismo!

(¡CREE EN TI MISMO!)

Todos estamos en un viaje de descubrimiento que será más placentero y exitoso si creemos en nosotros mismos. Eres un trabajo en progreso, en un viaje sin fin. Lo importante es seguir avanzando, asegurándose de ir en la dirección correcta.

Uno de los temas comunes que atraviesa mi escritura es que si crees en ti mismo, todo es posible, siempre y cuando trabajes lo suficiente para lograr tus sueños, teniendo la determinación y la perseverancia para nunca rendirte, no importa cuántas veces te golpeen. hacia abajo o tomar un giro equivocado. Sin una creencia en su propio potencial y habilidades, está condenado al fracaso.

¿Estás viviendo la vida de tus sueños? ¿O tienes sueños incumplidos que ahora sientes que es demasiado tarde para perseguirlos?

Bueno, estoy aquí para decirte que nunca es demasiado tarde para hacer realidad todos tus sueños.

Lo único que importa es lo que piensa de sí mismo y lo que cree que puede lograr. Entonces, sí, si ha renunciado a toda esperanza de lograr sus sueños, tiene razón, no los alcanzará. Por otro lado, si crees que todo es posible, nuevamente tendrás razón. . En la medida en que lo crea, se convierte en su verdad personal.

Me refiero a confiar en tu instinto, escuchar tu corazón y tu mente y visualizar la realización de tu sueño. En el momento en que comienzas a creer en ti mismo, todo es posible, porque una persona que cree en sí misma no tendrá miedo de pasar al siguiente nivel y arriesgarse a la posibilidad de fracasar. También saben que el fracaso es solo temporal y, a veces, solo una parada en el camino hacia el éxito.

Cada atleta olímpico cree en sí mismo, y es su creencia lo que los lleva a superar los obstáculos, los mantiene comprometidos con su programa de entrenamiento y preparados para hacer los sacrificios que tienen que hacer para lograr sus sueños. Son el mejor ejemplo de que si crees en ti mismo, todo es posible.

Si crees en ti mismo, todo es posible. Tus creencias tienen un gran poder. Empiece a creer que puede hacer cualquier cosa que se proponga. Nunca me aburriré escribiendo blogs como este. Todo lo que necesita es un lector para estar en la etapa correcta de la vida, listo para el empujón, la llamada de atención, para que esta publicación logre algo y ayude a otro ser humano a cumplir sus sueños de vida.

Tienes el poder dentro de ti para alcanzar tus sueños y lograr los deseos de tu corazón. Si crees en ti mismo, todo es posible. ¡Solo tienes que tener fe en tus habilidades y esforzarte siempre por dar lo mejor de ti!

Es esencial para mejorar nuestras vidas y alcanzar nuestros sueños, para desarrollar una fuerte creencia positiva en nosotros mismos y nuestras habilidades. Cada uno de ustedes tiene sus propias fortalezas, talentos y pasiones. Bueno, ¿no es hora de que permitas que estos te definan a ti y a tu vida?

Las creencias que tenemos sobre nosotros mismos son responsables de lo que finalmente nos convertimos y lo que finalmente logramos en la vida. De hecho, una confianza positiva en uno mismo es un requisito previo para lograr cualquier cosa y todo en la vida.

Puedes hacer cualquier cosa que te propongas. Solo necesitas concentrarte, hacer tu mejor esfuerzo y todo lo demás seguirá.

Por eso hoy te digo que si crees en ti mismo todo es posible. Debes aprender a creer en ti mismo. Tus creencias tienen un gran poder. Quiero que empieces a creer que puedes hacer cualquier cosa que realmente te propongas. Si cree que puede, hará todo lo posible para demostrar que tiene razón. ¿Y no es genial tener razón?

Cuando pensamos en lo que somos capaces, nunca pensamos lo suficiente.

Miramos a los demás y creemos que de alguna manera tienen algo que nosotros no tenemos y que quizás siempre estuvieron destinados a más.

Nos decimos a nosotros mismos que no lo tenemos en nosotros para vivir de esa manera y tomar las medidas que ellos hacen. Nos preocupa no ser lo suficientemente valientes para tomar las decisiones necesarias para vivir realmente desde un lugar de verdad. O peor aún, ¡tememos no tener nada de valor que ofrecer!

Todas estas son historias para mantenernos pequeños y jugar seguros.

Tenemos todos estos miedos burbujeando dentro de nosotros; el miedo a fallar, ser visto, rechazado, juzgado o incluso criticado por lo que creemos. En lugar de enfrentarnos a ellos, elegimos correr y escondernos y, al hacerlo, ¡privamos al mundo de nuestros dones!

Tal vez eres alguien que tiene miedo al éxito en sí mismo ... porque, ¿quién tendrías que ser entonces? Qué tendría que cambiar en tu vida, qué no tolerarías más, a quién soltarías y dejarías ir amorosamente.

Incluso cuando el cambio es lo mejor, ¡todavía da miedo! Nadie disfruta de las conversaciones difíciles o de herir potencialmente los sentimientos de alguien, ¡y esto puede impedir que muchas personas alcancen su potencial! PERO, ¿realmente quieres atenuar tu luz por el bien de otro? ¿Es su felicidad realmente más importante que la tuya?

Si puede ver y sentir el sueño en su mente, entonces es posible. Sepa que tiene mucho para dar y compartir y que el mundo está esperando por usted y solo por usted. ¡Todos somos expresiones especiales y únicas de lo divino y alguien necesita tus talentos y habilidades, con tu voz e historia únicas! Nadie más lo hará...

¡Es hora de dar un paso adelante, creer en ti mismo y soñar en grande!

Recuerda, lo único que te impide lograr el sueño eres tú por qué en realidad no ah nada que sea imposible. ¿De verdad quieres perder unos años más culpando a cosas que están fuera de ti, solo para tener que enfrentarte a la dura y fría realidad de que fuiste tú todo el tiempo?

Todo lo que quieras ya está dentro de ti. Solo necesitas manifestarlo. Ahora, la forma más fácil de manifestarlo es creyendo en ti mismo y tomando acciones diarias para lograrlo.

De esa manera, su energía se alinea con su poder y llega al poderoso cosmo que se alinea con su energía y le envía señales, lo que resulta en la manifestación de lo que deseaba fervientemente y ese elemento tan deseado se le entrega, siempre que usted manténgase alejado después de hacerle saber al Universo su intención.

Creer en ti mismo, cuando nada más funciona o las personas que te rodean no están seguras de si alguna vez obtendrás el elemento deseado, es a menudo la única solución.

Yo mismo he probado esta técnica varias veces cuando todo lo demás parecía sombrío y oscuro y descubrí que siempre funcionaba. Es así de poderoso, debería decir.

Como va, la palabra "Imposible" dice "Soy posible", por lo tanto, no hay nada imposible en el mundo. Cualquier cosa que desees o desees desesperadamente, seguramente se manifestará solo si puedes reunir todo el valor para creer en ti mismo.

Una vez que haya manifestado a pequeña escala su elemento deseado, puede comenzar a probar cosas más grandes de la misma manera. Eso es porque la forma en que haces pequeñas cosas, haces grandes cosas. En este caso, solo cree en usted mismo.

La gente se sorprenderá de lo rápido que logra los elementos deseados y, por lo tanto, le gustaría conocer su secreto. Dígales simplemente: cree en usted mismo y hará maravillas.

De vez en cuando, Dios, te pondrá a prueba y te derribará con fuerza. Pero también en ese caso, nunca dejes de creer en ti mismo y todo empezará a encajar una vez más.

Yo en lo personal he tenido tantos momentos malos, decepciones y desafíos sutiles en mi vida. Pero me recupero una y otra vez simplemente por creer en mí mismo y lograr lo que deseo.

El poder mágico de creer en ti mismo es tan grande porque eso hace que todo sea posible para ti. Ahora que lo he demostrado y ejemplificado, ¿por qué no lo intenta y lo prueba? Ver cómo te va. Creo que vale la pena el esfuerzo.

Llega ese momento en todos nuestros amores en el que sentimos ganas de rendirnos por completo, cuando nada parece salir como lo planeamos y el futuro parece, en el mejor de los casos, sombrío. En momentos como estos, no podemos evitar sentir que no hay razón para seguir intentándolo; después de todo, ¿de qué sirve trabajar en algo cuando sabes que al final será inútil? Pero para ser justos, nunca es una buena idea darse por vencido, no hasta que haya dado lo mejor de sí en la situación. Este es el por qué no debes de darte por vencido.

El éxito puede tardar en llegar

No hay nada que diga que el éxito llegará a usted en el primer intento. A veces, tienes que luchar durante años antes de poder llegar al lugar que buscabas. Habrá múltiples contratiempos en el camino, y si te rindes cada vez que te encuentras con un obstáculo, será imposible lograr algo. Por lo tanto, debes seguir intentándolo para lograrlo al final, y el sabor del éxito será aún más dulce.

Estar satisfecho

Este es quizás el beneficio más importante de no darse por vencido. Sus metas pueden parecer difíciles o casi imposibles de alcanzar, pero nunca lo sabrá realmente a menos que lo haya intentado. Solo al intentarlo y volver a intentarlo, finalmente comprenderá si el objetivo fue alcanzable o no. Si te rindes sin intentarlo en absoluto, o ante el primer indicio de fracaso, siempre tendrás el pensamiento persistente en el fondo de tu mente: '¿y si lo intentara?' Si lo intentas lo suficiente, y finalmente da un paso atrás, definitivamente sabrá que esto no fue factible, o no, porque hizo su mejor esfuerzo.

Aprende de tus errores

Si se rinde después de su primer fracaso, sabrá qué hizo mal, pero nunca aprenderá la forma correcta de hacer las cosas. Cada vez que cometa un error y no logre su objetivo, sabrá una cosa más que no debe hacer. De esta manera, solo mediante el proceso de eliminación, seguirás acercándote a tu objetivo y finalmente llegarás a una manera infalible de hacer las cosas.

Más autosuficiente

Cuando estamos acostumbrados a trabajar duro para tener éxito, tendemos a tener confianza en nosotros mismos y a depender de nosotros mismos. No necesitamos depender de nadie más para hacer el trabajo por nosotros, porque estamos bastante seguros de que somos capaces de manejarlo por nuestra cuenta. Como no renunciamos a nuestros sueños, no nos arrepentimos y nadie necesita ayudarnos en el camino.

Todo dicho y hecho, siempre hay un momento para dar un paso atrás. Pero eso no significa que se esté rindiendo; sólo significa que ha hecho todo lo posible y se ha dado cuenta de que no hay nada más que hacer. Hay una diferencia innata entre rendirse y dar un paso atrás; uno ni siquiera lo intenta, y el otro acepta que no todo está bajo nuestro control, por mucho que lo intentemos. Uno trae una sensación de derrota e insatisfacción, mientras que el otro trae paz al saber que lo intentaste.

Los fracasos conducen al éxito

El fracaso es lo que sucede a menudo en nuestras vidas. Los estudiantes pueden fallar en los exámenes, los atletas pueden fallar en las competiciones e incluso los científicos pueden fallar en su trabajo de investigación. Todo el mundo tiene experiencias fallidas en su propia vida. La gente se molesta cuando fracasa. Si bien estas personas pueden ceder ante el fracaso y retroceder ante él, las personas exitosas más bien aprenden de sus fracasos y afrontan los errores para llegar a la final exitosa. Para algunas personas, el fracaso representa oportunidad y crecimiento en lugar de déficit y pérdida. Aunque los fracasos acompañan a las dificultades, la amargura y la decepción, nos lleva hacia el camino del éxito. El fracaso no siempre es algo malo, ya que crea grandes experiencias de aprendizaje en la realidad. Nadie espera fallar, pero nadie puede evitar fallar también. El famoso inventor Thomas Edison dijo una vez: "No he fallado. Acabo de encontrar 10,000 formas que no funcionan ". (Edison) Edison nunca se rindió cuando falló. En cambio, extrajo una experiencia útil de sus fracasos y finalmente lo logró. Además, no nos asusta fallar al principio del proceso. Según el artículo "Fallos y éxitos", Chris Brogan dice: "Cuantos más fallos pueda eliminar al principio del proceso, más fácil será superarlos y luego emprender un curso exitoso. Fallar muy tarde en el proceso es mucho más difícil de arreglar "(Brogan 1). Esto significa que cuantas más dificultades superemos en el camino, más nos acercaremos al éxito. También es mucho mejor fallar temprano que tarde porque cada vez que fallamos, podemos aprender lecciones importantes del fracaso que nunca olvidaremos. Tenemos mejoras al conquistar el fracaso, ya que cada error indica los errores que hemos cometido y lo que debemos evitar en el próximo intento. Además, Paul Logan narra su historia en el artículo "Zero". Reprueba en la escuela secundaria con un GPA de "0", pero eventualmente se gradúa de la universidad comunitaria con un GPA perfecto. Su historia es un ejemplo positivo que nos anima, aunque el fracaso es muy doloroso, podemos aprender lecciones de vida. El fracaso no es algo terrible. Logan también dice: "El fracaso no tiene por qué ser un final. Puede ser una experiencia de aprendizaje, una que fortalece y da dirección "(Logon 4). Aunque es muy molesto fallar, por otro lado, el fracaso proporciona una gran experiencia que nos lleva a un enfoque diferente. El fracaso es una función de intentarlo. Si realmente queremos obtener logros sobresalientes, es probable que fallemos al menos algunas veces. Brogan dice en su artículo, "muchas innovaciones se han producido a través del fracaso" (Brogon 1). Afirma que se lograron muchos inventos o descubrimientos notables después de cientos de fracasos. Además, muchas personas exitosas del mundo fracasaron muchas veces antes de tener éxito. De hecho, las personas realmente exitosas no solo caen en el éxito. Trabajaron duro, se esforzaron mucho y fracasaron para lograr el éxito. Según un video de Youtube, Michael Jordan fue excluido del equipo de baloncesto de la escuela secundaria, se encerró en su habitación y lloró. Es el mejor jugador de baloncesto del mundo; Thomas Edison, quien fue el mayor inventor de todos los tiempos, fue considerado demasiado estúpido para aprender algo en la escuela; Walt Disney fue despedido de un periódico porque carecía de imaginación e ideas. Podemos notar que estos grandes hombres tenían una cosa principal en común. Fracasaron, no una vez, sino a menudo. Si alguien pregunta una razón por la que todos los grandes hombres y mujeres a lo largo de la historia pudieron tener éxito, entonces mi respuesta es que fallaron una y otra vez antes de que pudieran tener éxito. El éxito tiende a llegar después de una serie de pruebas y fracasos. Los fracasos pueden llevarnos al éxito cuando nos enfrentamos a dificultades.

Si te sientes un poco deprimido y que no piensas que puedes cumplir tu sueños esto aumentará sus niveles de motivación y establecerá las metas adecuadas para usted. Escuchamos sobre tantas personas exitosas de todas las áreas. Algunos de ellos pueden ser nuestros cantantes, actores, científicos, escritores, trabajadores sociales, políticos favoritos, etc. Sus logros inspiran los corazones de muchos y los instan a mejorar.

Si bien tendemos a centrarnos en la sensación del resultado final, el viaje hacia la meta es lo que más importa. Lamentablemente, la naturaleza humana nos obliga a mirar todo a través de los ojos de la gratificación instantánea. Pero las historias de éxito no se crean de la noche a la mañana. En la vida real, cualquier pequeño gran logro exige toneladas de esfuerzos y sacrificios.

Si el éxito es un edificio, considere cada esfuerzo como un ladrillo que hay que poner día y noche incansablemente. Soñar con lograr una meta en la vida es una idea encantadora. Sin embargo, trabajar en ello todos los días es más que una simple fantasía. Tienes que hacer que suceda.

¿Oras o meditas? ¿Qué pasa en ese momento? Te sientas en silencio y concentras toda tu atención y energía en la oración o en observar esos pensamientos. La oración exige sinceridad. La verdadera adoración es cuando el corazón es puro y honesto.

Del mismo modo, el éxito es un fenómeno de conciencia. Pide dedicación y diligencia ética. ¡Para un verdadero éxito, no hay atajos y tampoco hay que dejar de fumar! Sí, todos nos cansamos y nos desesperamos. Eso no significa que tengamos que ceder a esos sentimientos y dejar de fumar. ¡Sigue trabajando pase lo que pase!

A veces, cuando sienta que ya no puede continuar, tómese un descanso. Rejuvenezca, hable con sus seres queridos, descanse mucho, cree una nueva perspectiva. Y vuelve de nuevo con mayor fuerza y celo. Nunca se sabe cuándo los esfuerzos se convertirán en los dulces frutos del éxito. ¡Una cosa común en todas las grandes personalidades es que nunca se rinden!

Éxito en la vida

La vida es una montaña rusa, ¿no es así? Todos tenemos nuestras propias fortalezas y debilidades. Superar sus defectos y fragilidad es una victoria en sí misma. Si está pensando en salir del armario como un ganador en la vida, no se limite a los valores monetarios. Con dinero, puede sentirse "técnicamente" rico y, sin embargo, no tener acceso a la alegría más auténtica.

El éxito tiene muchas dimensiones. Pero todo depende de nuestra capacidad para reconocerlos. ¿Cuáles son estas dimensiones, por cierto? Exploremos algunos de ellos.

Debes haber escuchado la famosa cita, "La salud es riqueza". Necesitamos comprender el valor oculto de esta cita hoy más que nunca. Pregúntese, ¿podría disfrutar de algo de la misma manera si sufriera una enfermedad aguda o crónica? No, pero esas dolencias físicas son una amarga verdad para muchos. Para estas personas, lograr una recuperación parcial o total, tener una vida larga y respetuosa es un éxito.

Para las almas emocionales, tener a sus seres queridos cerca, darles una vida de calidad y cuidarlos es lo que cuenta como la verdadera victoria. Una persona que se preocupa por toda la sociedad, para él / ella, el verdadero significado de triunfar sería proporcionar las comodidades básicas a los desfavorecidos, luchar por los derechos humanos o crear conciencia.

Y sí, el mayor de los objetivos podría ser tan simple y significativo como llevar una vida pacífica. Podría tratarse de no tener arrepentimientos y malos sentimientos hacia los demás. También podrían ser tan importantes como ganar una medalla de oro en los Juegos Olímpicos, romper los estereotipos, salir de una relación tóxica y tener una vida estable.

El punto es que el éxito no se puede poner en una categoría singular. Y comparar el objetivo de uno con el de la otra persona sería como comparar una manzana con una naranja o una fruta con una verdura. Cada persona es única.

Su viaje por la vida es diferente y también lo son sus metas y parámetros de éxito.

Éxito y trabajo duro

Solo puedes trabajar duro cuando estás en forma en general. Una buena salud no se trata solo de tener un cuerpo fuerte, sino también de una mente y una fuerza de voluntad fuertes. Para todas estas cosas, necesitas energía. Por lo tanto, preste atención a las cosas que está alimentando a sus órganos sensoriales. Esto incluye desde una dieta adecuada hasta liberar el estrés, mantener una actitud positiva, hacer ejercicio y tener a quienes le rodean que crean en usted.

No se esfuerce solo en su plan de estudios. Hágase cargo también de otros aspectos. En la medida de lo posible, incluya alimentos saludables en la dieta. Mantenerse positivo induce buenas hormonas en el cuerpo y el efecto se muestra claramente en su desempeño. Para fortalecer su salud mental, medite todos los días.

Sentarse alrededor de la vegetación, hablar con sus seres queridos, leer libros positivos, son algunas de las otras formas de reponer sus niveles de energía. Asegúrese de hacer ejercicio todos los días, o al menos dar una caminata de 30 minutos. Mantente hidratado. Beba mucha agua y otros líquidos.

Además de centrarse en los pasos positivos, tenga cuidado con los factores negativos también. Por ejemplo, cualquier conversación negativa o personas tóxicas en tu vida pueden absorber toda tu energía y encanto. Haga todo lo posible para evitar estos factores desencadenantes. No solo eso, las distracciones como la televisión, los chats en línea, las redes sociales, las fiestas, etc., no deben subestimarse.

Mantén tu cuerpo y tu mente limpios como un templo. Te ayudará a trabajar más duro y con más eficacia. No hay atajos para el éxito. Sin embargo, prefiera trabajar de forma inteligente en lugar de trabajar duro. Nunca descuides la cantidad de horas que duermes. No hay sustituto para dormir bien.

La falta de sueño te pone de mal humor. Tu concentración y memoria se vuelven más pobres. El aprendizaje se vuelve más lento. Entonces, un consejo de un millón de dólares sería dormir lo suficiente, eso significa hasta 8-10 horas. Algunas horas pueden subir y bajar según los requisitos corporales de la persona.

Está bien si el trabajo duro te hace sentir cansado. Sin embargo, la idea del trabajo duro no debería asfixiarlo. Dicen que si amas lo que haces, ¡no tienes que trabajar ni un día de tu vida! Si las metas establecidas no se alinean bien con su corazón, explore algo que sí lo haga. Sus objetivos deben ser establecidos por usted y nadie más.

Éxito y fracaso

¿Le temes al fracaso? ¿Cuál es la definición de fracaso según usted? ¿Qué importancia tiene un fracaso para el éxito? Encontremos algunas respuestas a estas asombrosas preguntas y dudas que todos enfrentamos dentro de nosotros. Para facilitar las cosas, ¡aquí hay algunas citas geniales para ti!

"Solo aquellos que se atreven a fracasar mucho pueden lograr grandes logros". - Robert F. Kennedy

"Rendirse es la única forma segura de fracasar". - Gena Showalter

"No he fallado. Acabo de encontrar 10,000 formas que no funcionan ". - Thomas A. Edison

¡Debe haber cambiado un poco tu perspectiva! Bueno, no estaría mal decir que el fracaso es parte del éxito. Es una parte inevitable de ese proceso. Como las dos caras de una moneda. No puede esperar saborear el éxito hasta que haya aprendido a aceptar los fracasos.

Hay una historia interesante al respecto con un mensaje contundente. Solía vivir un tipo que tenía un gran y lujoso coche. Ese auto siempre se quedó dentro de la casa. El hombre nunca lo condujo. Un día, uno de sus amigos lo visitó y le preguntó el motivo por el que no sacaba el coche a la carretera.

¿Sabes lo que respondió el hombre? Dijo que sacaría el coche cuando todos los semáforos estuvieran en verde. ¡Estaba esperando que sucediera algo imposible! ¿Puedes creerlo? Es irónico, pero sí, todos hacemos lo mismo metafóricamente.

Cuando no damos pasos por miedo al fracaso, inconscientemente estamos esperando que todo sea perfecto. Tan perfecto que no habría margen para fallar. Eso significa que no habría luces rojas en absoluto. ¡Cómo es eso posible!

Deja atrás el miedo al fracaso. Lo único que debe temer es no hacer esfuerzos. Porque eso mata incluso la más mínima posibilidad de éxito. Sea humilde y acepte el fracaso. Aprende de tus errores. Estas lecciones son valiosas. Ningún libro le enseñaría de la forma en que lo harán sus experiencias.

Sin paz y amor, el dinero y la fama no cuentan como éxito. El verdadero éxito saciaría tu alma. Llenaría tu vida de alegría. Olvídese de la idea de comparar su vida con la de otra persona. Cada persona sigue un camino y un viaje diferentes. Es por eso que el significado de éxito también varía de un individuo a otro.

No importa cuán difícil o imposible parezca el objetivo, nunca te rindas. Sigue trabajando y algún día lo lograrás. No limite sus ambiciones a ganar dinero. Escuche a su corazón y sígalo. ¡Las voces dentro de nosotros son nuestras luces que nos guían!

Trate de ser una buena persona antes de convertirse en una persona exitosa. Solo una persona que se ha ganado el amor y el respeto de todos ha logrado el mayor éxito.

Aquí están mis 10 mejores consejos para lograr cualquier cosa que desees en la vida.

1. Concéntrese en el compromiso, no en la motivación. ¿Qué tan comprometido estás con tu objetivo? ¿Qué importancia tiene para ti y qué estás dispuesto a sacrificar para lograrlo? Si te encuentras completamente comprometido, la motivación seguirá.

2. Busque conocimiento, no resultados.
Si se concentra en la emoción del descubrimiento, la mejora, la exploración y la experimentación, su motivación siempre se verá impulsada. Si se concentra únicamente en los resultados, su motivación será como el clima: morirá en el momento en que golpee una tormenta. Entonces, la clave

es concentrarse en el viaje, no en el destino. Siga pensando en lo que está aprendiendo a lo largo del camino y en lo que puede mejorar.

3. Haga que el viaje sea divertido.
¡Es un juego increíble! En el momento en que lo tomes en serio, existe una gran posibilidad de que empiece a tener un gran peso emocional y pierdas la perspectiva y te quedes estancado nuevamente.

4. Deshazte de los pensamientos estancados.
Los pensamientos influyen en los sentimientos y los sentimientos determinan cómo ve su trabajo. Tienes muchos pensamientos en tu cabeza, y siempre tienes la opción de elegir en cuáles enfocarte: los que te harán estancar emocionalmente (miedos, dudas) o los que te harán avanzar (emoción, experimentar, intentar). cosas nuevas, saliendo de tu zona de confort).

5. Use su imaginación.
El siguiente paso después de deshacerse de los pensamientos negativos es usar su imaginación. Cuando las cosas van bien, estás lleno de energía positiva, y cuando estás experimentando dificultades, necesitas ser aún más enérgico. Así que cambie el nombre de su situación. Si sigues repitiendo Odio mi trabajo, ¿adivina qué sentimientos evocarán esas palabras? ¡Es cuestión de imaginación! Siempre puedes encontrar algo que aprender

incluso del peor jefe del mundo en el trabajo más aburrido.
Tengo un gran ejercicio para ti: solo por tres días, piensa y
di solo cosas positivas. Mira qué pasa.

6. Deja de ser amable contigo mismo.
La motivación significa acción y la acción trae resultados. A
veces, sus acciones no logran obtener los resultados que
desea. Por eso prefieres ser amable contigo mismo y no
ponerte en una situación difícil. Esperas el momento
perfecto, una oportunidad, mientras te sumerges en el
estancamiento y, a veces, incluso en la depresión. Sal,
desafíate a ti mismo, haz algo que quieras hacer incluso si
tienes miedo.

7. Deshazte de las distracciones.
Las cosas sin sentido y las distracciones siempre estarán en
su camino, especialmente aquellas cosas fáciles y
habituales que preferiría hacer en lugar de concentrarse en
nuevos proyectos desafiantes y significativos. Aprenda a
concentrarse en lo que es más importante. Escriba una lista
de los que pierden el tiempo y hágase responsable de no
hacerlo.

8. No confíe en los demás.
Nunca debe esperar que otros lo hagan por usted, ni
siquiera su pareja, amigo o jefe. Todos están ocupados con
sus propias necesidades. Nadie te hará feliz ni logrará tus
metas por ti. Todo depende de ti.

9. Planificar.

Conozca sus tres pasos hacia adelante. No necesitas más. Complete su calendario semanal, anotando cuándo hará qué y cómo. Cuándo-qué-cómo es importante programar. Revise cómo fue cada día con lo que aprendió y revise lo que podría mejorar.

10. Protéjase del agotamiento.

Es fácil agotarse cuando estás muy motivado. Obsérvese para reconocer cualquier signo de cansancio y tómese un tiempo para descansar. Tu cuerpo y tu mente descansan cuando programes momentos de relajación y diversión en tu calendario semanal. Realice diversas tareas, siga cambiando entre algo creativo y lógico, algo físico y tranquilo, trabajando solo y en equipo. Cambie de ubicación. Medite, o simplemente respire profundamente, cierre los ojos o concéntrese en una cosa durante cinco minutos.

Te falta motivación no porque seas vago o no tengas un objetivo. Incluso las estrellas más grandes, los empresarios más ricos o los atletas más consumados se pierden a veces. Lo que los motiva es la curiosidad por saber cuánto mejor o más rápido pueden llegar a ser. Entonces, sobre todo, sé curioso, y esto te llevará a tus metas y al éxito.

La mayoría de las personas se obsesionan con cómo tener éxito porque todos queremos sentir que importamos.

Sin lograr ningún éxito, podríamos mirar hacia atrás en nuestra vida decepcionados por nuestra falta de impacto en el mundo.

Esforzarse por lograr un propósito mayor es lo que nos mantiene luchando por sobrevivir y crecer.

Si bien es posible que no se convierta en un éxito internacional, su vida aún puede tener un impacto en los demás.

El objetivo de lograr el éxito lo ayudará a vivir una vida con más propósito al empujarlo a superar obstáculos, trabajar un poco más y perseguir la felicidad.

No dejes que el éxito se te suba a la cabeza ¡SE HUMILDE!

El éxito comienza con el trabajo duro. Toda persona exitosa construyó su imperio desde cero. Su nombre, fama, credibilidad y éxito es el resultado de su arduo trabajo, largas horas y dedicación inquebrantable. Se han ganado su lugar en el mundo. Pero en algún lugar del camino, algunos pierden de vista el suelo cuando llegan a la cima. De repente, sus egos alcanzan su punto máximo. Se esfuerzan por mostrar su éxito. Poco a poco, comienzan a pensar que son mejores que los demás. Y gradualmente, sus acciones expresan sus pensamientos.

Pero lo que uno debe recordar cuando están en la cima es cómo llegaron allí; los valores que los ayudaron, las personas que los apoyaron, los errores que los cometieron y un millón de cosas más que los empujaron en su ascenso a la cima.

Como ha citado Macro Pierre White, "el éxito nace de la arrogancia, pero la grandeza proviene de la humildad". Estas son las razones por las que nunca debemos dejar que el éxito se nos suba a la cabeza

Una vez que esté en la cima, el único camino a seguir es hacia abajo.

Alcanzar el éxito no termina su viaje. El trabajo duro te llevará a la cima, pero una vez que estés allí, el único camino a seguir es hacia abajo. El éxito es lo que creas todos los días. El día que dejes de trabajar para ser el mejor en lo que haces, ese es el día en que el éxito abandona tu vida. Por lo tanto, recuerde, para tener éxito, la consistencia es vital.

La humildad es el camino hacia la grandeza.

Se humilde. Estar agradecidos. El éxito no debería impulsar tu ego y aislarte de las personas y las cosas que te apoyaron en tu camino hacia el éxito. Llegaste a la cima solo por todos y por todo en tu vida. Estarán allí contigo pase lo que pase. El éxito es alcanzable, pero solo unos pocos alcanzan la grandeza, y la grandeza viene con la humildad.

No cambie por el éxito, cree el cambio a través del éxito.

El éxito te da el poder de influir en una esfera mucho más grande que tú. Tienes la oportunidad de crear y evolucionar a todos los que te rodean. En lugar de cambiar, cree cambios a su alrededor; comparte tu éxito. Así como alcanzaste las alturas con las que soñaste con la ayuda y el apoyo de otros, dales la mano a las personas para que cumplan sus sueños.

No puedes construir un imperio solo.

Solo tendrá tanto éxito como el apoyo de las personas que lo rodean. Honestamente, es imposible trabajar solo. La clave para una vida exitosa son las personas positivas y comprensivas que lo ayuden a crecer mientras ellos mismos crecen. "Roma no se construyó en un día", y no fue construida por una sola persona. Por lo tanto, acepte la ayuda mientras la ofrece.

Tu vida es mucho más que éxito.

La vida se trata de la felicidad que obtienes a través de tu viaje; el amor que compartes con la gente; los lazos que haces y las vidas que tocas. Créame, el dinero puede comprar muchas cosas, pero hay que ganarse la confianza, la buena reputación, la fe, el respeto y el apoyo. Y esas cosas hacen que una persona tenga éxito.

Sé sincero contigo mismo. No deje que su historia de éxito se arrepienta. Construye positividad. Difunde la felicidad. Crezca y ayude a las personas a crecer. Cambia el mundo y cámbialo para mejor. El éxito se trata de las decisiones que tomes. Elige sabiamente, no dejes que la gloria se te suba a la cabeza. Mantente humilde. Sube a las alturas. Agradezca el éxito.

Mantenerse humilde

Deja de alimentar tu ego. No te aísles de la realidad construyendo relaciones con personas que acarician tu ego. Rodearse de "gente que sí" es como hablar contigo mismo.

Compite contra ti mismo. Cuando compites contra otros, es fácil enfatizar el triunfo sobre la superación personal. Sin embargo, cuando compites contra ti mismo, ambos ganan.

Incluso los expertos tienen espacio para aprender. Nunca dejes de crecer. Conozca sus limitaciones y admita cuando no sepa algo. Te ayudará a mantenerte conectado a tierra.

Escuchen. Descubra lo que otros tienen para ofrecer y pida su opinión antes de abrir la boca. Demuestra que valora sus opiniones y sus conocimientos.

Nadie es perfecto. No dejes que el éxito se te suba a la cabeza. Discúlpese rápidamente por sus errores. Nunca aprenderá nada ni impresionará a nadie poniendo excusas y desviando la culpa. Y un poco de humildad te recordará que eres humano.

Comparta su éxito. Puede que tenga éxito, pero es muy probable que otros le hayan ayudado en el camino. Encuentre formas creativas de compartir el crédito y llevar a las personas a la escalera del éxito junto con usted.

Recuerda tus raíces. Recuerda de dónde vienes y lo que has aprendido a lo largo del camino. Ayude a otros guiándolos.

Bájese de su caballo alto. Trate a todos con dignidad y respeto. Puedes tener éxito, pero eso no te hace mejor que nadie.

Presumir es feo. Hay una diferencia entre la emoción y el fanfarronear. Sabemos que está encantado con su nuevo "juguete", pero es posible que otros estén reduciendo sus necesidades básicas: sea sensible. Como dijo John Wooden, "El talento es un don de Dios. Se humilde. La fama es otorgada por el hombre. Estar agradecidos. La vanidad es una entrega propia. Ten cuidado."

Créeme. El dinero y el éxito no pueden comprar la confianza de una persona ni garantizar una buena reputación. Los gana a través de sus palabras Y acciones. No hay nada más valioso en la vida que la integridad. Créeme.

Muchos de nosotros venimos de orígenes humildes. Hacemos algo de nosotros mismos a través de la búsqueda del conocimiento, la integridad, el trabajo duro y un poco de buena fortuna. Sí, las personas tienen todo el derecho a estar orgullosas del éxito que han obtenido. Pero eso no les da derecho a ser groseros o irrespetuosos con los demás.

Algunas personas se emocionan mucho al jactarse de sus logros o mostrar sus posesiones. Se han convencido de que son mejores que los demás. El hecho es que algunas personas dejan que el éxito se les suba a la cabeza y obtienen una extraña satisfacción al presionar a las personas. Eso está mal. Por otro lado, así como es repugnante para los "ricos" despreciar a los demás, es igualmente desdeñoso para los "pobres" sentir resentimiento por aquellos que han trabajado duro y se han ganado legítimamente su éxito.

La verdad es que todo el dinero del mundo no te convierte en una mejor persona. Simplemente significa que tienes más dinero. La riqueza real se logra apreciando lo que ya tienes en la vida. Después de todo, el dinero no puede comprarlo todo. No puede comprar una familia unida, buenos amigos, una conciencia tranquila, un equilibrio entre el trabajo y la vida, un hogar feliz, una segunda oportunidad en la vida o un buen karma, entre otras cosas.

Por lo tanto, no deje que el éxito se le suba a la cabeza. Se humilde. La humildad es un signo de fuerza, no de debilidad. Las personas con humildad poseen una paz interior. Son modestos en cuanto a sus logros, se basan en sus valores y no tienen nada que demostrar a los demás. Son sensatos, cómodos en su propia piel y silenciosamente orgullosos. Las personas humildes cambian su enfoque de recibir a dar, de hablar de sí mismas a escuchar a los demás, de acumular el crédito a desviar los elogios y de ser un "sabelotodo" a saber que hay mucho más en la vida que vale la pena aprender. No hay ego, no hay pretensión y ciertamente no hay habilidad para el juego. La gente humilde es auténtica. Como dijo C.S. Lewis, "La humildad no es pensar menos en uno mismo, es pensar menos en uno mismo".

La capacidad de creer en ti mismo puede cambiar tu vida.

Solo piensa:

¿Qué diferencia haría en su vida si tuviera una confianza absolutamente inquebrantable en su capacidad para lograr cualquier cosa que realmente se proponga?

¿Qué querrías, desearías y esperarías?

¿Qué te atreverías a soñar si creyeras en ti mismo con una convicción tan profunda que no tuvieras miedo al fracaso en absoluto?

La mayoría de las personas comienzan con poca o poca confianza en sí mismas, pero como resultado de sus propios esfuerzos, se vuelven audaces, valientes y extrovertidas. Y hemos descubierto que si haces las mismas cosas que hacen otros hombres y mujeres seguros de sí mismos, tú también experimentarás los mismos sentimientos y obtendrás los mismos resultados.

La clave es ser fiel a ti mismo, ser fiel a lo mejor que hay en ti y vivir tu vida de acuerdo con tus más altos valores y aspiraciones. Esta es la única forma de aprender verdaderamente a creer en ti mismo.

Tómate un tiempo para pensar en quién eres y en qué crees y qué es importante para ti.
Si quieres cambiar tu vida convirtiéndote en autor, crea que puedes hacerlo. El paso más difícil en ese viaje es encontrar

la confianza para aprender a escribir un libro. Una vez que obtenga un sistema probado para planificar, producir y publicar su trabajo, el objetivo más amplio se vuelve más fácil de alcanzar.

Al creer en ti mismo, encontrarás el coraje para tomar medidas inmediatas para alcanzar tus objetivos. ¡Y esta, como sabrá, es la clave del éxito!

Le animo a que nunca comprometa su integridad al tratar de ser, decir o sentir algo que no sea cierto para usted.

Y, lo que es más importante, nunca comprometa su potencial de crecimiento debido a dudas autolimitadas. En cambio, abrace su confianza y crea en sí mismo porque realmente puede hacer cualquier cosa que se proponga.

Dite a ti mismo que tienes confianza y créelo
Repite afirmaciones como "Creo en mí mismo" todos los días.

Tus pensamientos se convierten en palabras y tus palabras en tus acciones. Si continúas diciéndote a ti mismo que crees en ti mismo, eventualmente creerás en ti mismo.

Es así de simple.

Tenga el valor de aceptarse a sí mismo como realmente es, no como podría ser, o como alguien más piensa que debería ser, y sepa que, tomando todo en consideración, es una persona bastante buena.

Después de todo, todos tenemos nuestros propios talentos, habilidades y habilidades que nos hacen extraordinarios.

Nadie, incluido usted mismo, tiene idea de sus capacidades o de lo que podría hacer o llegar a ser en última instancia. Quizás lo más difícil de hacer en la vida es aceptar lo extraordinario que realmente puedes ser, creer en ti mismo y luego incorporar esta conciencia en tu actitud y personalidad.

Tus valores en la vida determinan tus creencias sobre ti y el mundo que te rodea.

Si tienes valores positivos, como el amor, la compasión y la generosidad, creerás que las personas de tu mundo merecen estos valores y los tratarás en consecuencia. Cuando crea en sí mismo y elija ser una buena persona, descubrirá que es más positivo y exitoso en la vida.

Tus creencias, a su vez, determinan el tercer anillo de tu personalidad, tus expectativas. Si tiene valores positivos, se creerá una buena persona.

Si cree que es una buena persona, esperará que le sucedan cosas buenas. Si espera que le sucedan cosas buenas, será positivo, alegre y orientado al futuro. Buscarás lo bueno en otras personas y situaciones.

El cuarto nivel de su personalidad, determinado por sus expectativas, es su actitud. Su actitud será una manifestación externa o un reflejo de sus valores, creencias y expectativas.

Por ejemplo, si su valor es que este es un buen mundo para vivir y cree que va a tener mucho éxito en la vida, esperará que todo lo que le suceda lo esté ayudando de alguna manera.

Como resultado, tendrá una actitud mental positiva hacia otras personas y estas responderán positivamente hacia usted.

Serás una persona más alegre y optimista. Serás alguien con quien otros quieran trabajar y para, comprar y vender y, en general, ayudar a tener más éxito.

El quinto anillo, o nivel de vida, son tus acciones. Sus acciones en el exterior serán, en última instancia, un reflejo de sus valores, creencias y expectativas más íntimos en el interior. Es por eso que lo que logres en la vida y en el trabajo estará más determinado por lo que sucede dentro de ti que por cualquier otro factor. Sea una buena persona a través de sus acciones!

Haga una lista de sus tres o cinco valores más importantes en la vida de hoy.

¿Qué es lo que realmente cree y defiende? ¿Cuáles son tus valores en la vida? ¿Por qué cualidades eres más conocido entre las personas que te conocen? ¿Cuáles considera que son los valores más importantes que guían sus relaciones con los demás en su vida?

Gracias por leer este artículo sobre cómo encontrar tus valores en la vida y aprender a creer en ti mismo. Recuerde esperar que sucedan cosas buenas y trabajar duro para alcanzar sus metas para que pueda vivir una vida feliz y exitosa.

Frases de famosos

"Imposible no es un hecho. Es una opinion. Imposible no es una declaración. Es un desafío. Imposible es potencial. Lo imposible es temporal. Nada es imposible"
–Muhammad Ali

"Pensar siempre en el futuro, pensar siempre en intentar hacer más, trae un estado mental en el que nada es imposible. En el

momento en que uno entra en el estado mental de "experto",
una gran cantidad de cosas se vuelven imposibles."
-Henry Ford

"Las personas que dicen" es imposible ", no deben
interrumpir a quienes están tratando de hacerlo posible".
-Arnold Schwarzenegger

Así que lo último que hay que decir es que nada es
imposible, sigue tus sueños, si quieres ser médico, hazlo, si
quieres ser actor, hazlo y así, cree en ti mismo, no importa
lo difícil que creas que es usted sólo hágalo por qué nada es
imposible lo único imposible es aquello que no intenta.

Printed in Great Britain
by Amazon

76358133R00031